*Chantal Sabatier* ✳

# Creaciones de ensueño

## 24 creaciones

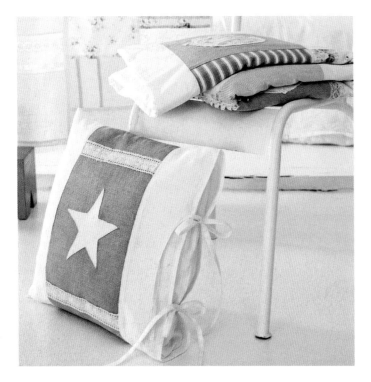

# ✳ Sumario

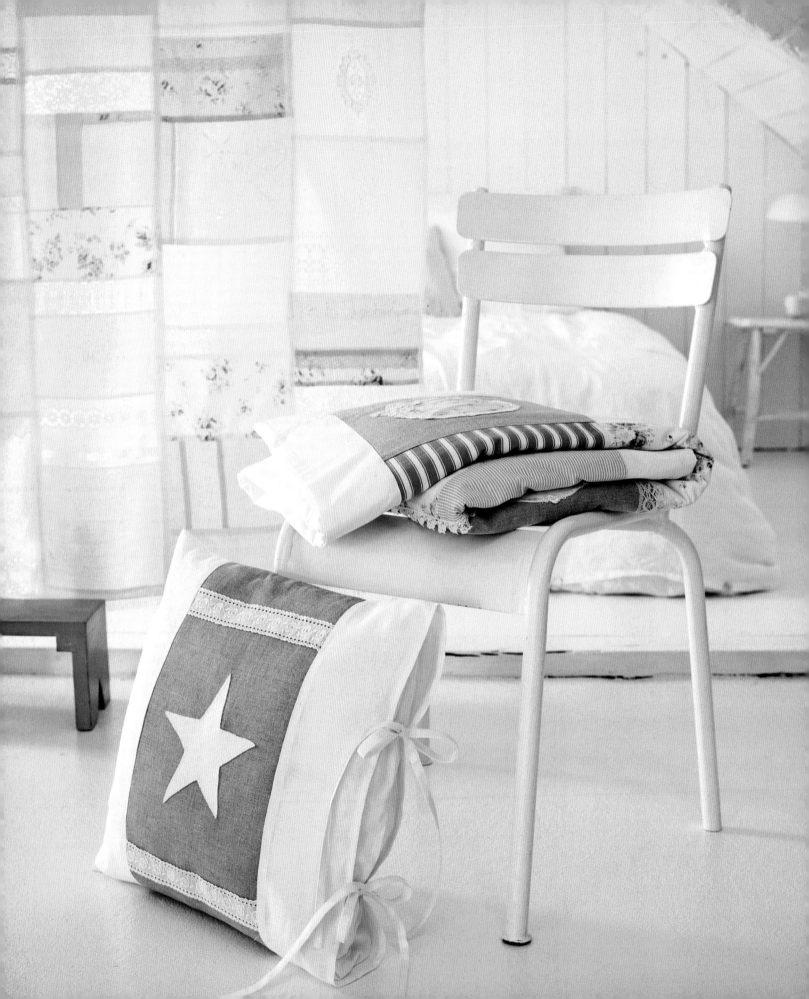

# 1. Para la casa

# ✳ Almohadón con estrella

Medidas: 50 x 50 cm.
Tela de lino en color natural, 26 x 52 cm. • Tela de lino, en color blanco:
52 x 52 cm. para la cara posterior; 2 tiras de 15 x 52 cm. para los laterales de
la cara frontal; 18 x 18 cm. para la estrella; 4 tiras de 4,5 x 50 cm. para los
lazos • Entredós bordado en color blanco de 3'5 cm., de ancho, 52 cm. • Un
almohadón de 50 x 50 cm.

## FUNDA

Cortar la estrella según el patrón que encontrarás en
la página 94. Aplicar la estrella en el centro de la tela
de color natural, a punto de festón (ver página 15) o
a máquina, a punto zig-zag. Cortar el entredós por la
mitad, hilvanar a cada lado de la estrella y coser a
pespunte a 6 cm. de la orilla.
Hilvanar las tiras de lino blanco en los laterales, derecho
con derecho y coser a pespunte. Sobrehilar las costuras
y planchar.
Hilvanar las dos caras del almohadón, derecho con derecho
y unir tres lados a pespunte (dejar abierto el lado derecho).
Alrededor de la abertura marcar un dobladillo de 1 cm.
de ancho, remeter 0'5 cm. e hilvanar.

## LAZOS

En los lados largos de cada tira, marcar un dobladillo
de 1 cm. y planchar. Doblar la tira por la mitad y unir a
pespunte por el derecho, remetiendo uno de los extremos.
Situar las tiras en el lado abierto del almohadón a 15 cm.
de las costuras y sujetar con un alfiler. Con un pespunte
coser el dobladillo y las tiras de una sola vez.

Planchar la funda, introducir el almohadón de relleno
y anudar las tiras con un lazo.

# ✳ Cortina de retales

Medidas: 1,20 x 1,60 m.
Trozos de tela de lino, en color blanco y crudo • Telas de algodón, en color blanco y crudo •Retales de algodón o lino bordados (recuperados de ajuares antiguos) •Encaje inglés • Encaje de bolillos • Telas de patchwork con estampados florales • Aplicaciones de encaje o de guipur • Cinta de algodón de 2 cm. de ancho, en color blanco • Entredós de lino en color blanco, 1,25 m. para intercalar • Almidón o cualquier otro apresto en aerosol.

## PREPARACIÓN DE LAS PIEZAS

Esta cortina se ha confeccionado con cinco tiras verticales, unidas entre sí como si fueran una labor de patchwork. El resultado es una cortina con un largo, una vez acabada, de 160 cm. Todos los trozos empleados en las tiras miden 26 cm. de ancho y quedan en 24 cm. una vez cosidas. Cortar cada trozo con cuidado. Almidonar las piezas de algodón (en las telas de lino el apresto en aerosol resulta más difícil de aplicar). En algunos retales lisos, coser puntillas o tiras de encaje, en horizontal o en vertical, para decorarlas.

## APLICACIONES CALADAS

Sujetar con alfileres las aplicaciones a la tela, en el lugar donde se quiera colocar. Coser a mano, siguiendo el contorno, a punto de lado. Con unas tijeras afiladas, cortar con cuidado la tela sobrante por el revés, alrededor de la aplicación.

## UNIÓN DE PIEZAS

Coser las diversas piezas superpuestas, por el derecho, alternando las lisas y las estampadas, hasta formar cinco tiras. Cada tira debe acabar en el bajo con una puntilla. En la parte superior de la tira, allí donde se van a coser las cintas que sujetarán la cortina a la barra, debe colocarse un trozo de tela sin bordados que tenga una altura mínima de 6 cm.
Sobrehilar con cuidado las costuras: hay que evitar las imperfecciones al máximo, pues luego se ven con la transparencia de la cortina.

Planchar las tiras y asegúrese de que quedan igual de largas y de que las orillas queden rectas. Coser dejando una costura de 1 cm. encaradas revés con revés (el margen de las costuras quedará por el derecho). Comprobar que las costuras queden rectas, después planchar todas en el mismo sentido.
Hilvanar una cinta cubriendo los márgenes de las costuras y coser. De esta forma las costuras quedarán pulidas por ambas caras. Procurar que los bordes de la costura no sobresalgan de la cinta.
Para pulir los laterales de la cortina, doblar la cinta de algodón por la mitad a lo largo, remeter los extremos y marcar el doblez con la plancha. Meter la orilla de la cortina en la cinta doblada y unir a pespunte.
En el margen superior de la cortina, hacer un dobladillo de 1,5 cm. por el revés. Cortar seis cintas de 60 cm. de largo. Doblar por la mitad. Hilvanar en la parte superior de la cortina, situadas sobre las costuras y una en cada extremo y coser a pespunte. Anudar con un lazo a la barra de la cortina.

{consejo}: Para cortar las piezas rectas, utilizar un cúter circular sobre una base de corte.

# ✳ Collage de encajes

1 marco de 18 x 24 cm. • Una postal antigua • 22 x 28 cm. de tela de lino en
color natural, gruesa, de textura regular • 18 x 24 cm. de boatina • Cintas y
entredoses • Encajes, aplicaciones de encaje o de guipur, abalorios, botones
• Hilo de coser blanco, de seda o de lino, que sea resistente • 18 x 24 cm. de
cartulina gruesa o de cartón • Cinta adhesiva o cinta de papel para enmarcar
• Pegamento en aerosol.

## DECORACIÓN

Sobrehilar la tela para que no se deshilache.
Alrededor de la postal a 5 mm. del borde, marcar con
lápiz una señal cada centímetro para bordar el festón.
Vaporice una capa de pegamento por el dorso de la postal
y pegar sobre la tela. Unir a punto de festón (ver dibujo).
Coser los encajes, las cintas, los abalorios y los botones
alrededor de la postal inspirándose en la fotografía.

## MONTAJE

Pegar la boatina sobre la cartulina.
Situar la tela sobre la boatina y cortar las esquinas en
diagonal.
Doblar los márgenes de la tela hacia el dorso de la cartulina
y pegar utilizando cinta adhesiva convencional o de papel.
Enmarcar.

Punto de festón

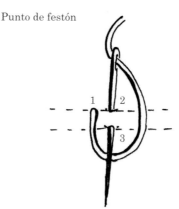

Sacar la aguja por 1,
clavar en 2 y
salir por el 3, pasando
el hilo por debajo de la
aguja.

{consejo} : Conservar el cristal del marco, para utilizarlo en otros
proyectos decorativos o realizar otra manualidad.

# ✳ Funda para silla

Medidas: 40 x 40 cm. sin contar los volantes.
42 x 43 cm. de tela de algodón a rayas, en color beige y blanco, para la cara superior • 42 x 43 cm. de tela de lino blanco para la cara posterior • 20 x 20 cm. de tela de algodón estampado con flores para la aplicación central • 3 piezas de 56 x 28 cm. de tela de lino fina, en color blanco para el faldón • 4 tiras 62 x 8 cm. de tela de algodón de color crudo para los lazos • 1,20 m. de puntilla bordada de 6 cm. de ancho, en color blanco • 1,20 m. de cordón de algodón • 2 cierres a presión pequeños • Relleno plano de 40 x 40 cm.

## LAZOS
Doblar cada una de las tiras a lo largo, encarando revés con revés. Marcar con la plancha un dobladillo de 1 cm. en las orillas largas y uno en los extremos (ver figura 1). Coser cerca de la orilla.

## PIEZAS PRINCIPALES
Marcar el centro de la tela a rayas, teniendo en cuenta que hay que dejar 1 cm. de costura en los lados y en el bajo y 2 cm. en el margen superior.
Alrededor de la tela estampada hilvanar un dobladillo de 1 cm. por el revés. Centrar este cuadrado en la tela a rayas, hilvanar y coser a máquina. En el margen superior de la tela a rayas, marcar con la plancha un dobladillo de 1 cm. y desplegar. Repetir la operación con la tela blanca.

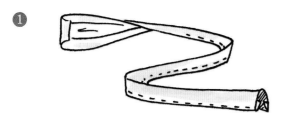

{consejo} : Si se desea un faldón más largo y más fruncido se necesitará 65 x 35 CM. PARA CADA FALDÓN. Sacar un hilo de la tela y cortar siguiendo esta señal para que quede recto.

## FALDÓN

Doblar por la mitad cada rectángulo de la tela fina de lino,
derecho con derechos (se obtendrá unas tiras de 56 x 14 cm).
A continuación, planchar las tiras, asegurándose de que las
orillas quedan igualadas. Coser los lados cortos a 1 cm. del
magen y despúes sobrehilar. Girar del derecho y planchar.
Unir el margen superior con un pespunte a 8 mm. del
borde. Pasar un hilván siguiendo la costura, tirar del hilo
para fruncir el faldón hasta que mida 38 cm. de largo.

## VOLANTE

Hilvanar la puntilla en los laterales y margen inferior de la
tela a rayas derecho con derecho, empezando y terminando
a 4 cm. del margen superior (ver figura 2). Coser a 2 cm.
de la orilla. Situar el cordón sobre el margen de la costura,
doblar la puntilla hacia el exterior y coser a pespunte por
el derecho lo más cerca posible del cordón (ver figura 3).
Rematar los extremos de la puntilla (si es necesario, cortar
la tela sobrante por debajo del cordón). Para que la
puntilla no moleste para trabajar, hilvanar hacia dentro.

## MONTAJE

Hilvanar un faldón sobre un lateral de la tela a rayas,
por el derecho, a 4 cm. del margen superior y a 1 cm.
del inferior. Coser a 8 mm. de la orilla. Proceder igual
en el otro lateral. Coser el faldón del lado inferior dejando
un margen de 1 cm. a cada lado. Sobrehilar las costuras.
Colocar los tres volantes hacia el interior. Parte posterior:
Sobrehilar la tela. Hilvanar con la tela a rayas derecho
con derecho y coser laterales y lado inferior a pespunte,
a 5 mm. de los bordes.

## ACABADOS

Girar del derecho. Retirar todos los hilvanes. Marcar
los dobladillos del lado superior de las dos caras del
almohadón y planchar. En cada extremo, en el interior
del dobladillo de la tela a rayas y de la tela blanca, hilvanar
los lazos. Coser los dobladillos, planchar. Coser los cierres
a presión. Introducir el cojín en la funda.

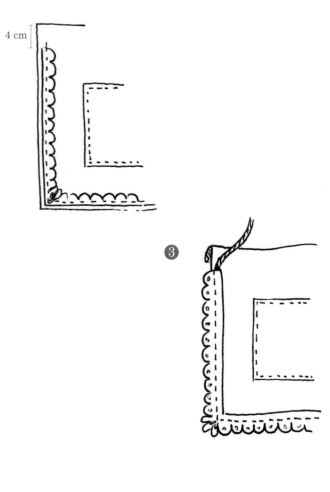

# ✳ Mantel con flores

Medidas: 1,60 x 1,60 m.
Para el mantel: 1,60 x 1,60 m de tela fina de lino en color natural • 6,50 m
de puntilla en color marfil de 2 cm. de ancho • 6,50 m. de cinta al bies en
color blanco.
Para las 12 flores: 70 x 25 cm. de tela de algodón gruesa, en color blanco
• 70 x 25 cm. de tela de lino en color natural • 90 x 25 cm. de organdí,
en color blanco • 90 x 40 cm. de entretela termoadhesiva • 12 botones
pequeños en color blanco y beige • 12 imperdibles pequeños.

## MANTEL

Cortar la puntilla en cuatro trozos iguales. Hilvanar sobre
la tela a 26 cm. de la orilla. Coser a pespunte. Cortar la
puntilla sobrante a la medida de la tela. Ribetear el mantel
con la cinta al bies.

## FLORES

Reforzar la tela de algodón y de lino con la entretela
termoadhesiva. La entretela se pega al tejido con la
plancha.
Calcar los patrones que encontrarás en la página 90, cortar
seis flores grandes y seis pequeñas en la tela de algodón y
en la de lino. En el organdí cortar doce flores pequeñas.
Para el montaje, colocar primero una flor pequeña sobre
una grande y encima una de organdí. Después, coser un
botón en el centro, uniendo las tres capas.
Alternar el orden de las flores blancas y de las de color
natural, así como el color de los botones (ver fotografía).

Planchar el mantel. Distribuir las flores en la caída del
mantel y sujetar con los imperdibles, de esta manera,
cuando se tenga que lavar el mantel se podrán quitar
para que no se estropeen en la lavadora.

{consejo}: El mantel se puede adaptar a una mesa más grande,
combinándolo con otro mantel de color blanco de mayor tamaño y
decorándolo con las mismas flores.

# ✳ Plaid de patchwork

Medidas: 1,30 x 1,30 m.
16 cuadros de 30 x 30 cm.: 4 en tela a rayas en beige y blanco, 4 en tela de
lino en color natural, 4 en tela estampada con flores, 2 en tela de lino de color
blanco, 2 en tela a rayas en rosa y blanco · 2 trozos de tela blanca, con un
motivo bordado · 40 x 40 cm. aproximadamente de algodón estampado con
flores grandes · Aplicaciones de encaje · Tela de algodón blanca de 12 cm. de
ancho para los ribetes: 2 tiras de 1,14 m.; 2 tiras de 1,34 m. · 1,34 x 1,34 m.
de forro · 1,36 x 1,36 m. de boatina · 3,90 m. de puntilla de encaje con pequeñas
rosas, de 2 cm. de ancho · 1,20 m de puntilla de encaje, de 5 cm. de ancho · 2,10 m.
de cinta de guipur (para los medallones) · Compás.

## MEDALLONES

Sobre las telas bordadas y por el revés, marcar un círculo
de 16 cm. de diámetro alrededor del motivo bordado con
ayuda del compás y recortar.
Aplicar cada círculo en el centro de uno de los cuadros
de lino en color natural, unir la aplicación de encaje y la
cinta de guipur siguiendo el contorno del medallón (ver
fotografía).
De la tela estampada con flores más grandes, recortar dos
grupos de flores siguiendo el dibujo. Colocar en el centro
de cada cuadro de lino en color blanco, a punto de festón
(ver dibujo de la página 15). Decorar con dos aplicaciones
de encaje unidas a punto de lado.
Cortar dos círculos de 16 cm. de diámetro en la tela
estampada de flores grandes. Coser a máquina o a mano,
en el centro de los dos cuadros restantes de lino en color
natural. Decorar igual que los medallones con bordado.

## MONTAJE

Hilvanar los cuadros a 1 cm. de la orilla, derecho con
derecho y unir a pespunte (ver esquema de la página 25).
Distribuir las puntillas según esquema y coser a máquina.
Hilvanar las tiras blancas alrededor del quilt, las cortas en
el margen superior e inferior y las largas en los laterales,
dejando una costura de 1 cm. y unir a pespunte. Planchar
la labor. En el interior de las tiras largas coser la puntilla
como muestra el esquema.
Colocar la boatina centrada sobre el revés del forro,
hilvanar desde el centro formando una estrella y después
hilvanar el contorno. Recortar la boatina a la medida del
forro y unir alrededor a punto de zig-zag.
Hilvanar el forro con el quilt derecho con derecho y unir a
pespunte a 2 cm. de la orilla dejando una abertura de 40 cm.
Cortar la tela sobrante de las esquinas en diagonal. Girar del
derecho. Planchar y cerrar la abertura a punto de lado.

{consejo}: Para conseguir una labor uniforme, antes de unir los cuadros,
lavarlos y planchar cuando todavía estén húmedos.

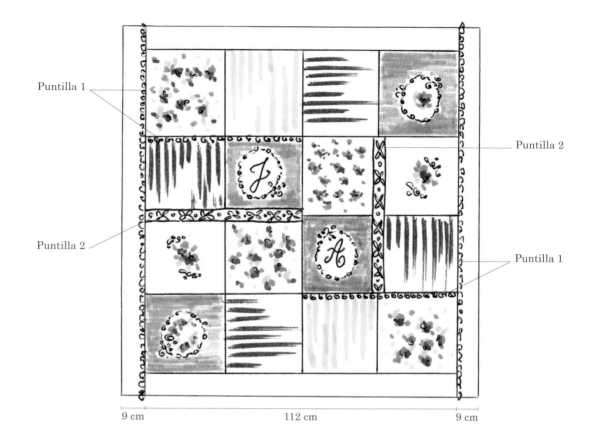

Puntilla 1

Puntilla 2

Puntilla 2

Puntilla 1

9 cm          112 cm          9 cm

25

# 2. Para ti

# ✳ Bolsa chic

Medidas: 23 x 34 cm. sin contar las asas
25 x 42 cm. de tela de lino gruesa en color blanco • Tela de lino en color natural:
2 cuadros de 25 x 25 cm. para la bolsa; 2 tiras de 7 x 50 cm. para las asas
• 25 x 88 cm. de tela de algodón, en color blanco, para el forro • 73 cm. de
puntilla de 2 cm. de ancho, en color blanco, para el bolso • 90 cm. puntilla en
color crudo, de 1,2 cm. de ancho, para las asas • 8 cm. de cinta de 0'5 cm. de
ancho, en color negro • 1 aplicación bordada de unos 6 cm. de alto • 3 botones,
para adornar • 1 botón de nácar de 1,5 cm. de diámetro, para el cierre • 90 cm.
de cordón para reforzar las asas.
Para la flor: 1 m. de bies de raso, de 2 cm., de ancho en color blanco
• Puntilla de 1 cm. de ancho: 15 cm. en color blanco y 15 cm. en color
crudo • 15 cm. de cinta de terciopelo de 0'5 cm., de ancho, en color negro,
• 2 adornos metálicos, en color plateado.

## FLOR

Pasar un hilván a unos 3 mm. de una de las orillas del
biés, tirar de los extremos del hilo para fruncir la cinta.
Enrollar el bies sobre si mismo para formar la flor y coser
por la base (ver dibujo nº 1).

## ASAS

Doblar cada una de las tiras a lo largo, revés con revés,
remeter 1 cm., a cada lado, hilvanar y planchar. Unir
a pespunte dejando 4 cm., en cada extremo sin coser .
Cortar el cordón por la mitad e introducirlo en cada
una de las asas. En los extremos, marcar un dobladillo
de 1 cm., remeter 0'5 cm. y unir a pespunte. Sobre el asa,
unir la puntilla a punto de lado dejando libres 4 cm.
(ver fotografía).

❶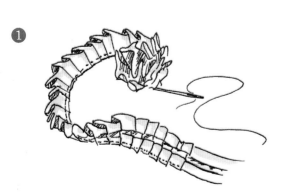

## ADORNOS

Hilvanar los dos cuadros de lino en color natural con los dos cuadros de lino en color blanco, derecho con derecho y unir a pespunte, a 1 cm. de la orilla.
Sobrehilar. Sobre la cara frontal, hilvanar sobre la costura la puntilla de color blanco y unir a pespunte. Coser la aplicación en el centro y a 3 cm. de la puntilla. Coser la flor sobre la puntilla, y debajo las dos puntillas y la cinta de terciopelo dobladas por la mitad. Coser los adornos metálicos. Distribuir los tres botones pequeños sobre la puntilla y coser.

## MONTAJE

Hilvanar las dos caras de la bolsa, derecho con derecho y unir a pespunte. Sobrehilar. Doblar las dos esquinas de la base y coser a 5 cm. de las puntas. Después, cortar la tela sobrante a 1 cm. de la costura (dibujo 2).
Doblar el forro por la mitad y en sentido horizontal, derecho con derecho, hilvanar y unir el lateral y el margen inferior a pespunte. Girar del derecho. Planchar todas las costuras, si puede ser, mejor sobre un planchamangas. Introducir el forro en la bolsa, encarando revés con revés. En la margen superior de las dos telas, marcar un dobladillo de 1 cm. Formar una anilla con la cinta de color negro, situar en el centro de la cara posterior entre las dos telas y unir el contorno a pespunte. Alrededor de la orilla unir la puntilla a pespunte.

## ACABADOS

Doblar la parte superior de la bolsa hacia la cara frontal, unos 4 cm. Coser el botón de nácar a la altura que corresponda.
Hilvanar las asas al mismo nivel, a 3,5 cm. de las costuras laterales y unir a pespunte. Planchar la bolsa marcando los pliegues de la base.

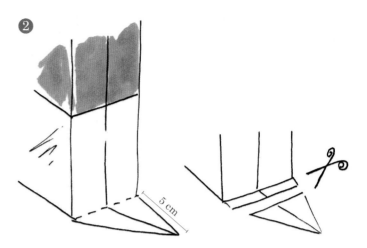

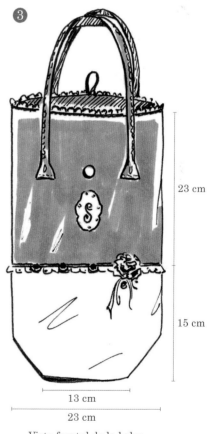

Vista frontal de la bolsa

# ✳ Bolso con flor

Medidas: 35 x 32 cm. sin las asas.
Tela de lino en color natural: 2 piezas de 37 x 35 cm. para el bolso; un cuadro
de 20 x 20 cm. para el bolsillo • 37 x 68 cm. de tela de algodón para forro
• 22 x 12 cm. de tul bordado • 15 cm. de puntilla, de 6 cm. de ancho en color
blanco y 15 cm., en color crudo • 37 cm. de puntilla de 3 cm., de ancho en
color crudo • 20 cm. de puntilla de 1 cm., de ancho en color blanco, para el
bolsillo interior • 53 cm. de cinta con flores, de 1 cm. de ancho • 37 cm. de
cinta de raso de 2'5 cm., de ancho en color marrón • 6 cm. de cinta con letras
• 70 x 40 cm. de entretela termoadhesiva • 1 par de asas de piel en color
beige • 2 botones metálicos de fantasía: uno de 2 cm. de diámetro, para el
bolso; el otro, más pequeño, para el bolsillo • 11 cm. de cinta elástica, de 2,5 cm.
de ancho • Hilo de coser, en color blanco.
Para la flor: 1 m. de cinta al bies en color crudo • 15 x 15 cm. de tela de algodón
grueso • 15 x 15 cm. de tul bordado • 15 x 15 cm. de entretela termoadhesiva
• 25 cm. de cinta de terciopelo de 1 cm., de ancho en color rojo.

## FLOR

Con el bies hacer una flor igual a la bolsa chic. Reforzar la
tela de algodón con la entretela termoadhesiva planchada
por el revés. Sobre esta tela y el tul bordado, calcar el
dibujo de la flor grande de la página 90. Recortar. Colocar
la flor de algodón, la de tul y la de bies y coser juntas por
el centro.

## CINTA

Corte 37 cm. de cinta con flores, centrar sobre la cinta
de raso y unir a pespunte. Planchar si es necesario.

## PATCHWORK

Fijar la entretela termoadhesiva por el revés de los dos rectángulos de la tela de lino. Doblar por la mitad la cinta con flores restante (16 cm.), formar una anilla y coser por el derecho de la cara posterior a 4 cm. de la orilla (ver fotografía). Coser encima la cinta con letras.

Sobre la base del otro rectángulo de lino, coser el tul bordado y las dos puntillas de 15 cm. de manera que se componga un patchwork de 37 x 12 cm. Unir en la orilla superior de dicho patchwork la puntilla de color crudo de 37 cm. y sobre ésta, las dos cintas unidas anteriormente. Coser la cinta roja doblada por la mitad y encima la flor.

## MONTAJE

Hilvanar los dos rectángulos de lino derecho con derecho y unir a pespunte los lados y base dejando 1 cm. de margen. Cortar la tela sobrante de las esquinas al bies. Girar del derecho y planchar. Marcar la situación de las asas con alfileres o bien con tiza de modista: colocar a 8 cm. de las costuras de los lados; la altura donde se coloquen dependerá del modelo de asas. Coser con hilo resistente. Para que no molesten mientras se sigue trabajando en la labor, dejarlas planas sobre la tela, sujetándolas con un hilván o bien empleando algún imperdible.

## FORRO Y ACABADO

Cortar el bolsillo interior en la tela de lino. Para hacerlo, utilizar el patrón que se encuentra en la página 88 (que ya incluye las costuras).

Coser la puntilla, a unos 6,5 cm. de la orilla superior. Coser un botón pequeño en el centro.

Sobrehilar. En el lado superior marcar un dobladillo de 3,5 cm. y desplegar después. Colocar la cinta elástica en el interior y coser por los extremos. Coser el dobladillo a 3 cm. del borde, al tiempo que se mantiene el elástico tirante.

{consejo}: Si poner la cinta elástica te resulta muy difícil según la explicación, se puede coser primero el dobladillo, después introducir la cinta elástica con ayuda de un imperdible y coser los extremos.

Alrededor del bolsillo, excepto en el lado superior, marcar

un dobladillo de 0'5 cm. hilvanar en el forro a 7 cm. del borde superior.

Doblar el forro por la mitad en sentido horizontal, derecho con derecho, hilvanar y unir el lateral a pespunte. Introducir la bolsa en el forro, encarando los derechos de las dos piezas. Coser la parte de arriba dejando un margen de 2 cm. Girar el forro del derecho y coser el lado inferior a punto de lado.

Planchar la bolsa con cuidado de no tocar las asas con la plancha. Coser el botón en la cara frontal, centrado entre las asas y en correspondencia con la anilla de la parte posterior.

11 cm

32 cm

35 cm

# ✳ Bolso bordado

Medidas: 42 x 38 x 14 cm. sin las asas.
2 piezas de 44 x 26 cm. de tela de lino en color blanco para la parte superior
• Tela de lino en color natural: 2 piezas de 44 x 16 cm. para la parte inferior;
2 piezas 16 x 44 cm. para los laterales • Retales de lino y de algodón en tonos
grises y marrones para el patchwork de la parte delantera • Tela de lino de
lunares: 1 pieza de 44 x 13 cm. para la parte de atrás; 2 piezas 16 x 52 cm.
para los bolsillos laterales • Tela de hilo estampada con flores para el forro:
1 pieza de 44 x 90 cm.; 2 piezas de 16 x 39 cm. • Restos de puntillas • 44 cm.
de puntilla, de 1,5 cm de ancho • 1,40 m. de cinta de terciopelo de 1 cm., de
ancho en color negro • 2 m. de bies de 2'5 cm. de ancho en color gris oscuro
• 1 aplicación de tul bordado • 90 x 60 cm. de entretela termoadhesiva gruesa
• 1 par de asas de piel en color negro • 22 cm. de cinta elástica, de 2,5 cm de
ancho • Hilo para coser en color blanco.
Para el motivo bordado: Material para calcar el motivo (ver página 88)
• Aplicaciones de guipur • Puntilla • Hilo de bordar en color negro.

## CARA FRONTAL

Unir las tela estampadas hasta formar un tira de 44 x 13 cm.
Coser la aplicación de tul bordado en la parte derecha y
las puntillas en sentido vertical entre las piezas. Coser el
patchwork entre la tela de lino blanco y un rectángulo de la
de color natural, que servirá para la parte inferior, encarando
los dos derechos y dejando un margen de 1 cm. Coser la
puntilla sobre la costura entre el patchwork y la tela blanca.
El dibujo de la niña lo encontrarás en la página 91. Calcar
el dibujo sobre el la tela blanca, en el centro 2 cm. del
patchwork. Bordar a pespunte con el hilo de bordar. Ver
fotografía de la página 38 para coser las aplicaciones de
guipur y la puntilla de la falda.
En la tela de color natural, marcar un pliegue con la plancha
de 7 cm. por debajo del patchwork (los 8 cm. restantes
formarán la mitad de la base).
Cortar un rectángulo de entretela termoadhesiva de
42 x 45 cm.
Con la plancha, fijar la entretela por el revés de la labor,
dejando un margen de 1 cm. en los lados y en el margen
inferior y de 5 cm. en el margen superior.

## CARA POSTERIOR

Trabajar igual que la cara frontal, juntando las tres piezas
del mismo modo (la tela blanca en la parte superior, la
de lunares en el centro y la de color natural en la parte de
abajo). Reforzar pegando entretela por el revés.

Pespunte

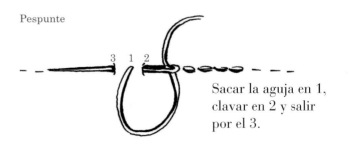

Sacar la aguja en 1,
clavar en 2 y salir
por el 3.

## LATERALES

Cortar dos rectángulos de 14 x 38 cm. de entretela
termoadhesiva. Pegarlos por el revés de la tela de lino en
color natural de los laterales, dejando los mismos márgenes
para costuras.

Doblar por la mitad cada uno de los rectángulos de la tela
de lunares en sentido horizontal, revés con revés. Marcar
el doblez con la plancha. Colocar 11 cm. de cinta elástica
dentro del pliegue, coser por los extremos en los lados de
la tela, cerrar el pliegue con un pespunte a 3 cm. del borde.
Encarar las dos caras del bolsillo derecho con derecho y
coser el bajo dejando un margen de 1 cm. Girar del derecho
y planchar. Sobrehilar los laterales juntos, para cerrarlos.
Hilvanar la cinta de terciopelo (35 cm.) sobre el elástico y
unir a punto de lado. Hilvanar los bolsillos por el derecho
de los laterales, a 8 cm. de la orilla inferior. Coser a
pespunte, excepto el lado superior.

## MONTAJE

Coser la cara frontal y posterior encarados derecho con
derecho a pespunte dejando 1 cm. de margen. Hilvanar
los laterales revés con revés, unir a pespunte, dejando el
margen de costura hacia el exterior. Coser el bies sobre
el margen para ribetear los laterales. Marcar la posición
de las asas con alfileres o con una tiza de costura.
Colocarlas a 11 cm. de los lados y del patchwork (o de
la tela de lunares, por el revés). Coser con hilo resistente.
Para hacer el forro, coser el rectángulo grande alrededor
de los dos pequeños de los lados, encarando los dos
derechos y dejando un margen de 1 cm. Planchar las
costuras. Introducir el forro en el bolso, encarando revés
con revés.

Doblar en el margen superior de la bolsa 2 cm. y después
3 cm. (introducir el margen superior del forro dentro del
dobladillo). Cerrar el dobladillo a punto de lado.
Planchar con cuidado, sin utilizar vapor, para evitar que
la entretela se despegue, procurando no tocar las asas
con la plancha.

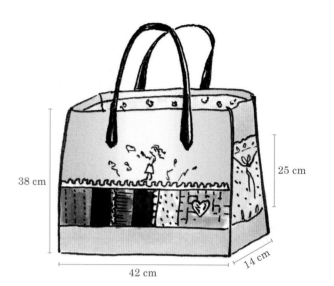

# ✳ Bolsa con inicial

Medidas: 35 x 31 cm.

2 piezas de 37 x 33 cm. de tela de lino en color natural • 37 x 22 cm. de tela de lino en color blanco, para la solapa • 37 x 22 cm. de tela de algodón, en color blanco, para forrar la solapa • 2 piezas 37 x 33 cm. de tela estampada para el forro • 18 x 18 cm. de tela de lino o de algodón con inicial bordada, en color blanco • 50 cm. de puntilla de 1,2 cm. de ancho en color blanco • 70 cm. de cordel fino • 1 corazón metálico • Compás.

## SOLAPA

Calcar el patrón que encontrarás en la página 94, en la tela de lino y en la de algodón, en color blanco (en el patrón ya se incluyen las costuras).

Sobre la tela bordada y por el revés, marcar un círculo de 13 cm. de diámetro alrededor del motivo bordado con ayuda del compás y recortar.

Hilvanar el círculo por el derecho de la solapa, centrándolo cuidadosamente. Coser a punto de lado.

Alrededor del círculo coser la puntilla, doblando el extremo del final de manera que se tape el del principio, para que el remate resulte más estético.

Encarar ambas piezas por el derecho. Coser a máquina dejando 1 cm. de margen, coser los lados deteniéndose cuando esté a 1 cm. de la orilla superior.

Alrededor de las ondas recortar la tela dejando sólo unos 0,5 cm. de margen. Con la ayuda de unas tijeras de punta afilada, hacer unos pequeños cortes a lo largo de las curvas para que queden planas. Girar del derecho la solapa, planchar y girar de nuevo para que quede derecho con derecho.

## MONTAJE

Unir el lado abierto de la solapa con uno de los rectángulos de la tela en color natural, encarando derecho con derecho y a 1 cm. del borde. De la misma manera, cosa el lado abierto de la parte posterior con uno de los rectángulos del forro.

Superponer el segundo rectángulo de tela en color natural y el segundo rectángulo de forro, encarando el derecho de ambas telas. Coser ambas piezas dejando 1 cm. de margen.

Doble la solapa sobre la tela de lino y sujetar con alfileres, para que no moleste mientras se trabaja el siguiente

paso. Despliegue las piezas y superpóngalas, derecho con derecho, una pieza de tela de lino sobre la otra y un forro sobre el otro. Coser alrededor dejando una abertura de 20 cm. en la base del forro. Cortar la tela sobrante de las esquinas en diagonal. Girar del derecho. Cerrar la abertura a punto de lado. Introducir el forro dentro de la bolsa y planchar.

Introducir el cordel por los calados de la puntilla que rodea el motivo bordado y anudar con un lazo en la parte de abajo, que sirva además para sujetar el corazón de metal.

# ✳ Mini bolso

Medidas: 19 cm. aprox. de diámetro.
1 tapete redondo de ganchillo, en color blanco, de 18 cm. de diámetro
• 45 x 25 cm, de tela de lino en color natural • 45 x 25 cm. de tela de algodón
estampada, para el forro • 1,80 m. de puntilla de 1,5 cm. de ancho, en color
negro • 50 cm. de cinta de 05,5 cm., de ancho en color negro • 1,50 m. de
cinta de lino de 1 cm. de ancho, en color natural • 1 botón negro de 1,5 cm.
de diámetro • Hilo de bordar en color negro •1 corazón pequeño de metal
• Compás.

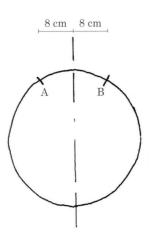

## PREPARACIÓN

Dibujar en papel un círculo de 21 cm. de diámetro. Recortar
y doblar por la mitad, para marcar el eje central, que será el
recto hilo.
Desplegar el círculo de papel y dibujar una línea sobre el
doblez. En el borde superior del círculo, hacer dos marcas,
A y B, cada una a 8 cm. de la línea central que previamente
se ha dibujado (ver dibujo).
Con ayuda de este patrón, cortar dos círculos de tela de lino
y dos en la tela del forro. Dibujar las marcas A y B en los
cuatro círculos.

## ADORNOS

Coser la puntilla alrededor del tapete, por el revés, haciendo
que sobresalga un poco; dejar en el borde superior unos 11 cm.
sin puntilla. Coser el tapete sobre uno de los círculos de
tela de lino y unir a punto de lado. Introducir la cinta negra
entre los puntos del tapete, anudar en el lado superior con
un lado cogiendo el corazón y formando una pequeña solapa
(ver fotografía).

## MONTAJE

Situar cada círculo de lino sobre uno de forro, derecho con derecho y unir a pespunte sólo la zona comprendida entre A y B.

Encarar los dos círculos de lino derecho con derecho y unir a pespunte. Hacer los mismo con los de forro pero dejando una abertura en la base de 15 cm. Girar del derecho. Cerrar la abertura a punto de lado y planchar.

## TIRA DE COLGAR

Hilvanar la puntilla por el revés de la cinta de lino y unir a bastilla con el hilo de bordar en color negro, dejando 9 cm., sin puntilla en cada extremo. Doblar los extremos formando tres pliegues y coser a cada lado del bolso (ver fotografía).

Coser el botón en la cara frontal en el centro de la abertura.

# ✳ Bolsa joyero

Medidas: 24 x 17 cm.
24 x 34 cm. de tela de lino fina, en color blanco, para la parte exterior
(A) • 24 x 21 cm. de tela de lino en color crudo, para la parte interior (B)
• 24 x 14 cm. de tela de algodón estampada, para el bolsillo interior (C)
• 22 x 22 cm. de tela estampada, para el bolsillo (D) • 24 x 33 cm. de tela
de algodón en color crudo, para el forro del bolsillo (E) • 7 puntillas de
anchos distintos y de 34 cm. de largo, que permitan hacer un degradado
de blanco a beige de 16 cm. de ancho • 50 cm. de puntilla, de 1,2 cm de
ancho, en color blanco • 24 cm. de cinta con letras de 1 cm de ancho• 2 m.
de bies en color crudo, de 2 cm. de ancho • 2 aplicaciones bordadas, en color blanco
• 60 x 60 cm. de entretela termoadhesiva • 1 cremallera de 22 cm., de largo
en color crudo • 1 botón plateado • 1 botón de nácar • 1 cierre a presión.

## PREPARACIÓN
Pegar la entretela termoadhesiva con la plancha por
el revés de las piezas A, B, C y D. Por el derecho de
la tela de lino A, coser las siete puntillas formando un
degradado de 16 cm. de ancho situado en el centro.

## BOLSILLO APLICADO
Cortar 50 cm. de bies. Formar pliegues de 8 mm. para
obtener un largo de 22 cm. Coser por la orilla para
mantener los pliegues.
Doblar la tela estampada D por la mitad, derecho con
derecho.
Colocar el bies con pliegues entre las dos telas, por el
lado largo, orientando los pliegues hacia el interior. Coser
a 1 cm. del borde. Girar del derecho y planchar. Sobrehilar
las dos telas juntas de los lados para cerrarlos.
En la base del bolsillo, coser la cinta con letras.
Hilvanar el bolsillo sobre el derecho de la pieza B, a 3 cm.
del margen superior. Hilvanar la puntilla de 1,2 cm. de
ancho en los lados y la base y coser a pespunte.
Coser el botón de nácar y debajo el cierre a presión.

## BOLSILLO INTERIOR

Sobre la tela estampada C, coser las aplicaciones a punto de lado.

En los dos lados cortos de la pieza E, marcar un dobladillo de 1 cm. hacia el revés.

Con el derecho en el interior, doblar la parte inferior 11,5 cm. y la superior 4 cm. (ver dibujo 1). Marcar los dobleces con la plancha.

Coser la cremallera entre los dobleces por el revés de la tela, según se indica en la dibujo 1.

Unir las piezas B y C a cada lado de la cremallera, según se indica en la dibujo 2. Para que esta unión quede bonita y resulte fácil de confeccionar, lo mejor es coserla a mano, dando pequeñas puntadas regulares.

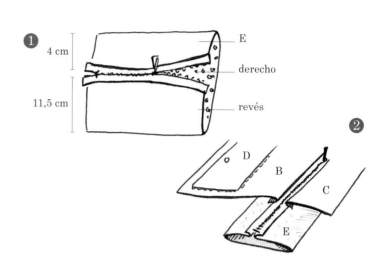

## MONTAJE

Encarar las dos caras de la bolsa revés con revés. Hilvanar alrededor cogiendo todas las capas de tela.

Para la presilla, cortar un trozo de bies de 12 cm. de largo doblar a lo largo y cerrar a pespunte. Formar una anilla y coser en el centro del lado inferior de la pieza A, con la anilla hacia el interior. Después, coser el botón, en correspondencia con la presilla, pero en el otro extremo. Redondear las esquinas. Coser el bies alrededor de la bolsa para ribetearla. Planchar la labor colocando encima un paño, para que ni los motivos ni el encaje se estropeen.

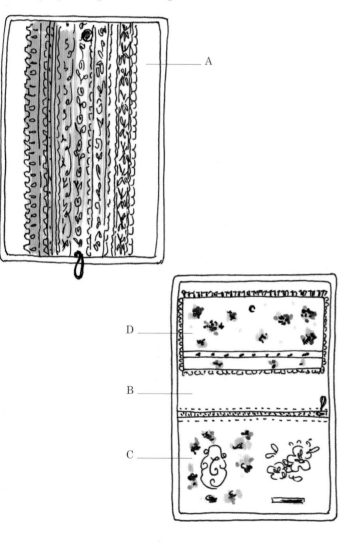

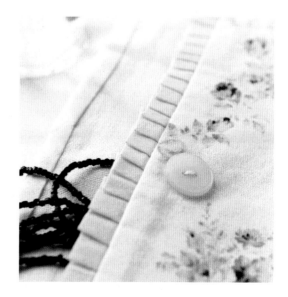

# 3. Para un día de fiesta

# ✳ Corona de cintas

1 corona de mimbre de 25 cm. de diámetro • 2 m. de tela de lino de 3 cm. de ancho • Cinta de algodón, de 2 cm. de ancho: 2 m. en color blanco y 60 cm. de color beige • 2 m. de puntilla de 1,5 cm., de ancho en color crudo • 60 cm. de puntilla de 1,5 cm., de ancho en color blanco • trozos de cintas de organdí • 8 botones de nácar en color blanco, de distintos tamaños. Para las flores: 40 x 15 cm. de tela de lino, en color natural • 40 x 15 cm. de tela de algodón en color blanco • 40 x 15 cm. de tela de organdí en color blanco • 4 m. de bies de color crudo de 2 cm. de ancho • 90 x 25 cm. de entretela termoadhesiva rígida • Hilo de coser en color blanco.

Enrollar la cinta blanca de algodón alrededor de la corona, acabando con un lazo en la base.

Deshilachar ligeramente las orillas de la tira de lino. Enrollar la tira de lino alrededor de la corona, cruzándola con la cinta de algodón. Enrollar también la puntilla de color crudo sobre la tira de lino. En la base de la corona, anudar los extremos de la tira de lino y la puntilla.

### FLORES

Confeccionar cuatro flores con el bies igual a las explicadas en la página 28. Reforzar la tela de lino y la de algodón plachando por el revés la entretela termoadhesiva. En cada una de las telas cortar dos flores grandes y dos pequeñas según patrón de la página 90. En organdí cortar cuatro flores pequeñas. Colocar dos flores pequeñas sobre cada una de las grandes, en telas variadas y en el centro una flor de bies. Unir la cuatro flores con unas puntadas en el centro.

Coser los botones distribuidos en la tira de lino y en la cinta de algodón (ver fotografía). Cortar trozos de cinta de organdí de 15 cm. y anudar debajo de los botones grandes.

### TIRA PARA COLGAR LA CORONA

Doblar la cinta de color beige por la mitad, a lo largo, marcar el doblez con la plancha. Hilvanar la puntilla en el interior y coser a pespunte. Anudar la tira en la parte superior de la corona para colgarla.

# ✳ Cesto con encanto

Un cesto ovalado que tenga un perímetro aproximado de 1,10 m y una altura, con el asa incluida, de unos 50 cm. • Puntilla bordada de 5 cm. de ancho en color blanco, 1,15 m. • 3 o 4 tiras de tela de lino y puntillas de 2 cm. de ancho, lo suficientemente largas para enrollarlas alrededor del asa • 1 retal de tul bordado y 1 de encaje, para la parte alta del asa • Hilo de coser en color blanco.
Para la flor: 40 x 20 cm. de tela de lino o algodón en color blanco • 50 x 16 cm. de tul en color blanco • 30 cm. de puntilla de 2 cm de ancho, en color blanco y en color crudo • 1 aplicación bordada • Perlas en color blanco.
Para la funda: Tela blanca de algodón 120 x 25 cm. • Puntilla bordada de 6 cm. de ancho, 1,20 m. • 1,40 m. de cinta de 0,50 cm., de ancho en color blanco.

Coser la puntilla bordada alrededor de la cesta, pasando la aguja por el entramado de mimbre. Enrollar las tiras de lino y las puntillas alrededor del asa. Para que queden bien sujetas, dar algunas puntadas en la base. Anudar el tul bordado y el encaje en la parte alta del asa (ver fotografía).

## FLOR
En la tela de color blanco cortar tres flores de tamaños distintos, según patrón de las páginas 90-91. Superponerlas de mayor a menor y encima la aplicación. Coser la flor por el centro y decorar con las perlas. Doblar por la mitad las dos puntillas y fijar en la parte de atrás de la flor con unas puntadas y cortar de manera que queden desiguales. Después doblar el tul por la mitad, a lo largo para obtener una tira de 50 x 8 cm.
Hilvanar los lados largos juntos, tirar del hilo para fruncir y anudar alrededor de la flor. Coser en la parte delantera de la cesta, debajo de la flor.

## FUNDA
En un lado largo de la tela de algodón, marcar un dobladillo de 2,5 cm., remeter 1 cm. y planchar para marcar el dobladillo. Remeter los extremos. Introducir la puntilla bordada dentro del dobladillo y unir a pespunte a 1 cm., de la orilla. Doblar la tela de algodón por la mitad, encarando derecho con derecho. Coser la costura lateral, dejando 1 cm. de margen, hasta llegar al dobladillo. Hager también un dobladillo en la base. Girar del derecho y planchar. Meter la cinta por el dobladillo con la ayuda de un imperdible.
Colocar la funda en la cesta haciendo coincidir su base con la puntilla bordada exterior. Con hilo resistente, coser la funda a esta altura (ver fotografía).

# ✳ Funda portavelas

1 portavelas de cristal de 8-9 cm. de diámetro · 30 x 30 cm. de tela de lino en color natural · 30 x 30 cm. tela de lino estampada, con flores · 35 x 20 cm. tela de algodón, en color blanco · 10 x 10 cm. de entretela termoadhesiva · 4 botones de 1,5 cm. de diámetro · 1 m. de cordel.
Para la flor: 10 x 15 cm. de tela blanca · 10 x 15 cm. de tela estampada · Aplicación de tul bordado · 10 x 15 cm. de entretela termoadhesiva.

## BASE

Cortar la tela de lino en color natural y la de lino estampado, según patron de la página 90 (ya incluye las costuras, de 5 mm.).
Encarar las piezas derecho con derecho. Coser dejando un margen de 5 mm. y una abertura de unos 6 cm. Girar del derecho. Remeter los bordes de la abertura y coser a punto de lado. Planchar.
Para hacer el pasacintas hacer dos líneas a pespunte dejando 1 cm. de distancia siguiendo las líneas discontínuas del patrón.
Sobre el pasacintas hacer dos ojales en sentido vertical, (a través de estos ojales pasar el cordel para ajustar la base al portavelas).
En tela de algodón en color blanco cortar dos círculos de 16 cm. de diámetro. En la entretela cortar un círculo de 8 cm. de diámetro y otro círculo en papel. Con ayuda de la plancha, pegar la entretela por el revés de uno de los círculos de tela de algodón, centrándolo bien.
Encarar los dos círculos de algodón derecho con derecho. Coser muy cerca del borde, sin dejar casi costura, y dejar una abertura de unos 6 cm. Girar del derecho, cerrar la abertura a punto de lado y planchar.
Colocar los círculos de algodón debajo de la funda del portavelas. Colocar el círculo de papel en el centro. Coser a pespunte uniendo todas las telas. Dar cuatro puntadas de 2 cm de largo, en forma de estrella, alrededor del círculo, como se indica en el patrón. Coser un botón en un extremo de cada puntada. Retirar el círculo de papel.

Cortar el cordel por la mitad. Introducir el cordel por el pasacintas con la ayuda de un imperdible (ver dibujo) y anudar los extremos. Proceda de la misma manera con la abertura del lado opuesto y el otro trozo de cordel.

## FLOR

Reforzar la tela blanca con entretela termoadhesiva, planchada por el revés. En la tela blanca y la estampada cortar una flor pequeña según patrón de la página.
Colocar la flor estampada sobre la flor blanca y encima la aplicación de tul. Coser juntas por el centro.
Coser la flor en uno de los extremos del cordel.

Colocar el portavelas en el centro de la funda y ajustar tirando de los cordeles.

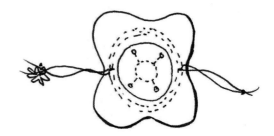

# ✳ Funda para cubiertos

Medidas: 16 x 28 cm.
25 x 30 cm. de tela de lino en color natural • 25 x 35 cm. de tela de lino en
color blanco • 40 x 35 cm. de tela a de algodón en color blanco, para el forro
• 30 cm. de puntilla de 1,2 cm. de ancho en color blanco • 10 cm. de 8 cm. de
ancho en color blanco • 8 cm. de puntilla bordada de 6 cm. de ancho, en color
blanco • 1 aplicación bordada • 40 x 35 cm. de entretela termoadhesiva, fina
• 60 cm. de cordel.

Planchar la entretela por el revés de la tela de algodón.
Según los patrones de las páginas 88-89 (ya incluyen el
margen para costuras), cortar: una pieza A en la tela de
lino en color natural, y una pieza B en lino de color blanco.
Cortar una pieza A y una pieza B en tela de algodón
(dibujo 1).
Aplicar la puntilla de 8 cm. en la base de la tela en color
natural, y encima la puntilla bordada de 6 cm. Coser la
aplicación bordada a 1,5 cm. de la puntilla.
Encarar la pieza de lino blanco y el forro, derecho con
derecho y unir a pespunte, entre las marcas E y F, dejando
un margen de 0,5 cm. Con una tijera afilada hacer unos
pequeños cortes en el margen en los puntos C, D, E y F
(dibujo 2).

Encarar la pieza de lino en color natural y el forro, derecho
con derecho. Coser el lado superior a 1 cm. de la orilla.
Planchar las costuras abiertas.
Encarar las dos piezas derecho con derecho según dibujo
3. Coser alrededor dejando un margen de 1 cm. y una
abertura de 10 cm. en el forro. Cortar la tela sobrante de las
esquinas en diagonal. Girar del derecho y planchar. Cerrar
la abertura a punto de lado. Introducir el forro en la funda.
Coser la puntilla de 1,2 cm. alrededor de la funda.
Introducir el cordel por los calados de la puntilla y anudar
con un lazo.

{consejo} : Estas fundas también se pueden utilizar para ofrecer un
pequeño regalo a cada uno de los invitados.

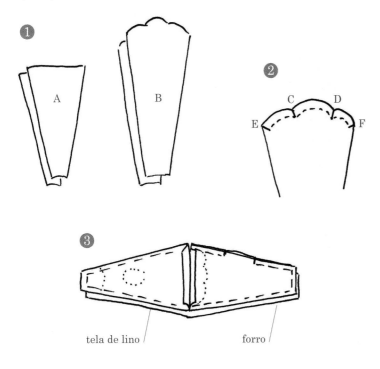

tela de lino        forro

# ✳ Pompones decorativos

Retales de tela de lino en color natural, de tela de algodón y de tul, en color blanco • Puntillas de anchos diferentes de 1 m. de largo • Cordel fino • 30 x 15 cm. de cartón grueso (por ejemplo, el de una caja).

En el cartón cortar dos piezas segun patrón de la página 93. En las diferentes telas cortar tiras de 1 o 2 cm. de ancho. Superponer las dos piezas de cartón. Enrollar en ellas las tiras de tela y de encaje, alternando los distintos materiales, hasta rellenar el agujero central. Procurar que los extremos de las tiras y puntillas queden en la parte exterior de los círculos (cortar si es necesario).
Cortar las tiras de tela y encaje por el lado exterior metiendo las tijeras entre los dos círculos. Separar ligeramente los dos círculos de cartón. Cortar 1 m. de cordel y anudar entre los dos círculos. Retirar los cartones. Dar forma al pompón e iguálelo recortando las tiras que sobresalgan, si hace falta.

# ✳ Cono sorpresa

Medidas: diámetro 7 cm. altura 22 cm.

1 cono de papel, de 7 cm. de diámetro y de 18 cm. de alto (se venden en las tiendas de manualidades) • 30 x 25 cm. de tela de lino o de algodón, en color blanco o beige • Trozos de puntillas y cintas • 40 cm. de puntilla o cinta, para la tira de colgar • Aplicaciones bordadas de encaje o de guipur, flores, botones, etc. • 30 x 25 cm. de entretela termoadhesiva • Perlas nacaradas • Hilo de coser en color blanco • Hilo de nailon rígido • Tubo de pegamento con boca fina • Aguja grande, pinzas de tender la ropa, perforadora, pinchos de cóctel, tijeras dentadas.

Para el adorno: 30 x 25 cm. de organdí o tul • 30 cm. de puntilla • 30 cm. de cinta fina • flores secas o sales de baño.

Para la flor con pistilo: 10 x 10 cm. de tela fina que se deshilache poco (organdí, seda salvaje) • 1 pistilo de perlas y papel (de los que venden en tiendas de manualidades o en mercerías) • Apresto en aerosol.

## PREPARACIÓN

Enhebre una aguja con una hebra de hilo resistente de 30 cm. Coser de un lado a otro el cono de cartón, hasta unos 1,5 cm. más o menos de la punta. Dejar la aguja en espera en la base del cono. Formar un ramito de puntillas y cintas, adornado con las perlas, que pasará por el hilo de nailon.

Sujetar con firmeza a la base del cono con la ayuda de la aguja que se había dejado en espera. Añadir un poco de pegamento y después sujetar con una pinza de la ropa, hasta que se seque.

Hacer dos agujeros equidistantes a 1 cm. de la parte alta del cono. Introducir a través de ellos la cinta para colgar. Pegar o grapar los extremos por el interior del cono. Pegar la entretela por el revés de la tela de lino o de algodón y cortar según el patrón de la página 93. Recortar con la tijera dentada el borde superior de la tela. Coser o pegar los adornos en el centro del cono.

## ADORNOS DE PERLAS

Cortar una hebra de hilo de nailon de 15 cm. aprox. Enhebrar una aguja y enfilar una perla. Poner un poco de pegamento en el interior, con ayuda del pincho y dejar secar. Ensartar las demás perlas de la misma manera, distribuída por el hilo. Cuando el pegamento esté seco, hacer un bucle con la tira de perlas, introducir los extremos por los adornos y sujetar con unas puntadas y pegamento.

{consejo} : También se puede hacer el cono utilizando cartón o entretela rígida, cortados con el patrón de la página 93.

## FLOR CON PISTILO

Almidonar la tela. Cortar una flor pequeña según el patrón de la página 89. Hacer un agujero en el centro. Poner un poco de pegamento en las zonas marcadas en el patrón partiendo del centro hacia fuera. Pegar los pétalos según el dibujo 1. Dejar secar. Introducir los pistilos en el agujero, pegar y anudar juntos por la base (dibujo 2).

## MONTAJE

Doblar la punta de la tela de lino o de algodón decorada por el revés, a unos 1,5 cm., y pegar. Con las tijeras, recortar el lado que se superpondrá sobre el otro lado. Poner pegamento alrededor del cono de papel y forrar el cono con la tela de lino o de algodón decorada. Mantener la punta y el borde en su lugar colocando unas pinzas de tender la ropa mientras se seca.

## ADORNO

Cortar en tela de rogando o tul, el patrón del cono, añadiendo 1 cm. alrededor de tela. Aplicar la puntilla en la parte de arriba. Doblar por la mitad, encarar los dos derechos y coser el lado que queda abierto. Girar del derecho e introducir en el cono. Rellenar de flores secas o de sales de baño. Cerrar con un lazo de cinta fina.

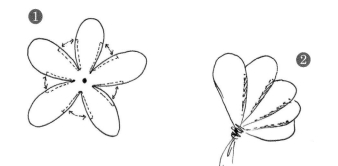

# 4. Pequeños regalos

*Bolso con cadena*

*Foulard*

*Saquitos de lavanda*

*Monedero*

*Bolsitas de regalo*

*Cajas decoradas*

# ✳ Bolso con cadena

Medidas: 20 x 16 cm. sin el asa.
30 x 40 cm. tela de lino en color natural · 30 x 40 cm. de tela de algodón estampada · 60 cm. de puntilla en color crudo de 1,5 cm. de ancho · 30 x 40 cm. de boatina fina · 1 cadena de 25 cm. de largo con pinzas en los extremos para sujetarla · Alicates para colocar la cadena.
Para la flor: 15 x 15 cm. de tela de algodón grueso en color blanco · 15 x 15 cm. de tela de lino en color natural · 15 x 15 cm. de tela de organdí · 20 x 15 cm. de entretela termoadhesiva · 3 botones.

En las dos telas y la boatina cortar dos piezas, según patrón de la página 92 (el patrón ya incluye el margen para las costuras).
Encarar una pieza de lino y una estampada, derecho con derecho y encima de ellas una pieza de boatina. Unir las tres piezas a pespunte dejando una abertura de 8 cm., en la base. Cortar la tela sobrante de las esquinas en diagonal. Girar del derecho y planchar las costuras. Hacer la otra cara igual. Hilvanar la puntilla entre las dos piezas (lados y base) y coser a pespunte.

## FLOR
Reforzar la tela de algodón y lino con la entretela termoadhesiva planchando por el revés. En la tela de algodón cortar una flor grande y en la tela de lino y tul cortar una flor pequeña, según patrón de la página 90. Poner las dos flores pequeñas sobre la grande y coser al bolso con los tres botones en el centro.
Sujetar la cadena a los lados del bolso, con ayuda de unos alicates.

# ✳ Foulard

Medidas: 20 x 134 cm.
22 x 116 cm. de tela de lino en color crudo • 22 x 116 cm. de tela de algodón en color blanco • 2 piezas de 22 x 12 cm. en tela de lino en color natural • 2 piezas de 22 x 12 cm. de tela estampada • 44 cm. de puntilla, de 2 cm. de ancho, en color crudo • 2 aplicaciones bordadas Para el broche: 1 imperdible de 5 cm. de largo • Hilo de algodón grueso • 3 adornos de metal • Trozos de puntilla.

## FOULARD

Unir las dos piezas de algodón estampado por los extremos de la tela de lino en color crudo, encarando los derechos de ambas telas, pasando la costura a 1 cm. del borde. Cortar la puntilla por la mitad. Coser sobre la costura.

Unir las dos piezas de linode en los extremos de la tela de algodón. Encarar las dos piezas, derecho con derecho. Unir a pespunte dejando un margen de 1 cm. y una abertura de 12 cm. en uno de los lados. Cortar la tela sobrante de las esquinas en diagonal. Girar del derecho y planchar. Remeter el margen de la abertura y unir a punto de lado. Coser las aplicaciones, a punto de lado (ver fotografía).

## BROCHE

Enrollar el hilo de algodón grueso en el imperdible. Anudar las puntillas y colgar los adornos.

# ✳ Saquitos de lavanda

Medidas: 16 x 16,5 cm. sin las asas.
Telas: 11 x 16 cm. para el delantero (A); 2 piezas de 4,5 x 16 cm. para las tiras de los lados (B); 2 piezas de 16 x 4,5 cm. para las tiras de la parte de arriba y de abajo (C); 2 piezas de 16 x 15 cm. para las solapas de la parte de atrás (D)
• 16 x 34 cm. de tela de algodón en color blanco para el interior.
• 11 cm. de 3 puntillas diferentes, de 2 o 3 cm de ancho, en color blanco • 44 cm. de cordel • Hilo de bordar, en color rojo • Guata para el relleno • Ramas secas de Lavanda • Papel carbón especial para bordado (ver página 88).
Modelo con iniciales CP: piezas A y D en tela de lino en color natural, pieza B en tela de lino en color blanco; pieza C en tela estampada de algodón de color crudo.
Modelo con iniciales CM: piezas A y D en tela de lino en color blanco; pieza B en tela de algodón estampado con flores; pieza C en tela de lino en color natural.

## FUNDA

Calcar los dibujos de la página 92, sobre la pieza de lino A, colocándolos centrados en la mitad superior. Bordar con punto llano y punto de pespunte. Aplicar las tres puntillas a 1,5 cm. por debajo del bordado, ligeramente superpuestos. Unir las dos tiras B a ambos lados de tela pieza A, derecho con derecho, dejando un margen de 1 cm. Planchar. Doblar las tiras C por la mitad, a lo largo, encarando los dos reveses. Marcar el pliegue con la plancha y luego abrir. Coser una de las tiras en la base, derecho con derecho, dejando 1 cm. de margen. Coser la otra en el lado superior, de la misma manera, intercalando los extremos de un cordel de 22 cm. de largo (dibujo 1). Sobrehilar alrededor. Coser la pieza D con la tira C del bajo, y la otra pieza D a la tira C de la parte superior, intercalando un cordel de 22 cm. (dibujo 2). Sobrehilar los extremos de las piezas D y luego doblarlas unos 4 cm., por el revés. Girar del derecho. Doblar la parte de arriba y luego la de abajo a lo largo de las marcas que se ha hecho con la plancha, derecho con derecho. Hilvanar los lados y coser a pespunte. Cortar la tela sobrante de las esquinas en diagonal. Girar del derecho. Remeter las esquinas cuidadosamente, con la punta de unas tijeras. Planchar con cuidado, para no estropear los bordados.

Punto llano

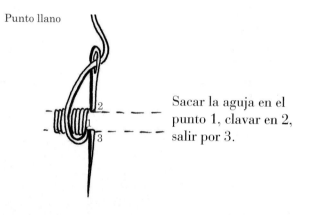

Sacar la aguja en el punto 1, clavar en 2, salir por 3.

## RELLENO DEL SAQUITO

Doblar la tela de algodón por la mitad, a lo largo, encarando los dos derechos. Coser los tres lados abiertos, dejando una abertura de 10 cm. en uno de ellos. Girar del derecho, planchar y después rellenar con guata mezclada con lavanda. Remeter los bordes de la abertura hacia el interior y cerrar a punto de lado. Introducir el relleno en el saquito.

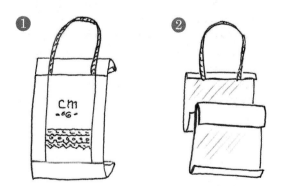

# ✳ Monedero

45 x 20 cm. de tela de lino en color blanco • 45 x 20 cm. de tela de algodón estampado de flores, para el forro • 18 cm. de puntilla de 1 cm., de ancho en color beige • 3 trozos de puntilla de 1 cm. de ancho, en color blanco y en color crudo • 1 cierre metálico para monedero de 8 cm. de ancho, (de venta en mercerías) • abalorios • 1 botón metálico de 1,5 cm. de diámetro • Pegamento para tela y metal • Pinzas de tender la ropa.

Los patrones para realizar esta labor se encuentran en la página 95 (ya incluyen márgenes para las costuras, que serán de 5 mm).

Cortar dos veces el patrón A y una el B, tanto en la tela de lino como en la estampada. Hacer unas muescas en las marcas C y D. Tanto para la tela de lino como para el forro. Unir las piezas A a cada lado de la pieza B, encarando los dos derechos, coser a pespunte entre los puntos E y F (dibujo1). Hacer una pequeña muesca en los extremos del pespunte. Planchar las costuras.

Coser la puntilla beige sobre la pieza A de lino, que será la cara frontal del monedero (ver fotografía). Doblar los trozos de puntilla por la mitad y coser a punto de lado por el derecho, bajo el encaje beige.

Doblar la costura de la tela de lino, encarando los dos derechos. Coser los lados de C a C' y de D a D'. Cerrar las esquinas de la base haciendo que coincidan con las costuras en ángulo recto (dibujo 2). Hacer lo mismo con el forro, pero dejando una abertura de 5 cm. en uno de los lados. Encarar la tela de lino y el forro, derecho con derecho. En cada cara, coser la parte superior entre las señales C y D. Hacer unas muescas en los márgenes de costura, en la parte curva. Girar del derecho. Cerrar la abertura del forro a punto de lado. Introducir el forro en el monedero. Planchar las costuras del lado superior.

Pegar el cierre en cada cara del lado superior del monedero, sujetándolo con una pinza de tender la ropa, hasta que esté completamente seco. Coser el cierre al monedero pasando la aguja entre los agujeros ensartando un abalorio en cada puntada.

Coser el botón en el centro (ver fotografía).

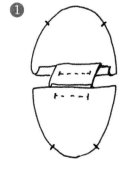

# ✳ Bolsitas de regalo

Modelo 1 (foto de la página 79). Medidas: 8 x 19 x 3 cm.
18 x 23 cm. de tela de lino en color blanco o natural • 18 cm. de puntilla en color blanco o marfil, para la parte de arriba • 20 cm. de puntilla en color blanco o crudo, para el lazo • 1 aplicación bordado, de unos 5 cm. aprox. • 1 adorno metálico • Cartón • Pegamento.
Modelo 2 (fotos de las páginas 80, 81 y 82). Medidas: 15 x 16 cm.
17 x 44 cm. de organdí en color blanco • 17 cm. de puntilla ancha o aplicaciones bordadas • 40 cm. de cinta de algodón, de 2 cm de ancho, en color blanco • 2 pompones blancos pequeños.
Modelo 3 (foto de la página 83). Medidas: 11 x 29,5 cm.
13 x 31 cm. de tela de lino en color natural • 13 cm. de puntilla de 1 cm de ancho en color crudo • 1 adorno metálico con dos agujeros, con forma de corazón, de 2,5 cm. de ancho • 60 cm. de cordel.

## MODELO 1

Sobrehilar la parte superior de la labor (es decir, uno de los lados más cortos) y después coser la puntilla. Doblar la tela de lino por la mitad, encarando los dos reveses, para obtener un rectángulo de 9 x 23 cm.
Hilvanar y coser la aplicación en el centro de la bolsita, a unos 8 cm. de la base.
Doblar la tela, encarando derecho con derecho. Coser el lado abierto y la base, dejando un margen de 1 cm, y después sobrehilar. Formar las esquinas de la base y coser según dibujo.
Girar del derecho. Cortar un rectángulo de cartón de la medida de la base, y pegar en el fondo de la bolsita.
Anudar las bolsa con la puntilla y coser el adorno.

{consejo}: Para regalar té, café, sales de baño, etc., hacer una bolsita más pequeña, de gasa o de organdí e introducir en estas bolsas de regalo.

## MODELO 2

Sobrehilar la tela. Doblar por la mitad, encarando los dos reveses, para obtener un rectángulo de 17 x 22 cm. Coser la puntilla o las aplicaciones en el delantero, dejando al menos unos 12 cm. sin adornos en la parte superior.

Doblar la tela, encarando los dos derechos. Coser las costuras de los lados. Girar del derecho.

En la parte superior hacer un dobladillo de 6 cm. de ancho. Unir con dos líneas a pespunte a una distancia de 1 cm., entre ellas (pasacintas).

Abrir la costura de un lado a la altura del pasacintas. Doblar la cinta de algodón por la mitad, en sentido vertical y coser el lado largo a pespunte. Introducir en el pasacintas con ayuda de un imperdible. Coser los pompones en los extremos de la cinta.

## MODELO 3

Sobrehilar la tela. Doblar por la mitad revés con revés, para obtener un rectángulo de 13 x 15,5 cm. Marcar el doblez con la plancha. Hacer un dobladillo de 1,5 cm. en los lados superiores. Pasar la puntilla por los agujeros del corazón y coser en el centro de la bolsita.

Dobla la tela, encarando derecho con derecho. Coser las costuras de los lados a 1 cm. de los bordes, hasta llegar al dobladillo del borde superior. Cortar la tela sobrante de las esquinas en diagonal. Girar del derecho y planchar. Cortar el cordel por la mitad. Con la ayuda de un imperdible, introducirlo por el dobladillo superior, que entre por un lado y salga por otro. Hacer lo mismo con el otro cordel, pero al revés: que los extremos de este segundo cordel no salgan por el mismo lado que los del otro, sino por el lado contrario. Anudar los extremos de ambos cordeles.

# ✳ Cajas decoradas

Para los dos modelos: 1 caja de cartón con tapa, de 14 x 14 cm. • 30 x 30 cm.de tela estampada con flores para el interior • 60 cm. de puntilla, de 1,5 cm, de ancho, para los laterales de la caja • 10 cm. de 2 puntillas diferentes, de 1 cm. de ancho • 25 x 25 cm. de entretela termoadhesiva de doble cara • 20 x 20 cm. de boatina fina • 14 x 14 cm. de cartulina • Pegamento en tubo con boca fina.

Para el modelo rosa: 25 x 25 cm. de tela de lino en color rosa • 10 x 10 cm. de tela de lino en color natural, fina • 2 piezas 10 x 10 cm. de tela de organdí en color blanco y rosa • 65 cm. de cinta con flores, de 1 cm. de ancho, para los lados de la tapa • 2 aplicaciones de encaje • 1 botón de pedrería de 1,2 cm. de diámetro • 2 pistilos con perlas y papel • Hilo de algodón para bordar número 25 • Almidón en aerosol • Papel cabón especial para bordar (véase página 88).

Para el modelo de flores: 25 x 25 cm. de tela de algodón estampada • 25 cm. de puntilla, de 2,5 cm. de ancho • 1 aplicación bordada, de 6 cm. de alto aprox. • 1 botón de pedrería de 1,5 cm. de diámetro.

## DECORACIÓN DE LA TAPA DE LA CAJA ROSA

Sobre la tela de lino calcar la inical y el motivo que encontrarás en la página 92. Bordar a puntollano (ver página 73) y punto de pespunte. Cortar la tela de manera que se obtenga un cuadro de 7 cm. de lado.

Con el orgnadí, hacer dos flores con un pistilo, como se explica en la página 65.

Hilvanar el cuadro bordado en el centro de la tela de lino en color rosa. En la esquina inferior izquierda del bordado, coser las aplicaciones y las flores con pistilo (ver fotografía). Coser el botón de pedrería y las dos puntillas dobladas por la mitad.

## DECORACIÓN DE LA TAPA DE LA CAJA CON FLORES

Coser la puntilla y la aplicación en el centro de la tela de flores que servirá para forrar la tapa. Coser el botón encima de las puntillas que irán dobladas por la mitad.

## MONTAJE Y ACABADOS

Pegar la entretela de doble cara por el revés de la tela de lino o de la estampada. Retirar el papel de la entretela. Cortar las esquinas en diagonal para evitar gruesos de tela en las esquinas.

Cortar la boatina a la medida de la tapa y después pegar encima la entretela de doble cara. Poner de nuevo la tapa sobre la boatina. Forrar la tapa con la tela de lino o la estampada. Procurar que no queden arrugas. Recortar un cuadro de cartulina de la misma medida de la tapa y pegar por el interior, para rematar el interior y que no se vean los finales de la tela con la que se ha forrado.

En el modelo de color rosa, pegar la cinta de flores en los lados de la tapa. En los lados de las cajas, pegar las puntillas.

# ✳ Patrones

## UTILIZACIÓN DE LOS PATRONES

Todos los patrones que encontrarás en este libro están a tamaño real e incluyen costuras.

Hay patrones que solo representan la mitad de la pieza. En estos casos, lo que hay que hacer es colocarlos sobre la tela doblada por la mitad, haciendo coincidir la línea discontínua del patrón – – – – – con el doblez de la tela. Cuando un patrón se da partido, unir las dos piezas por la línea discontínua —·—·— y pegarlas con cinta adhesiva, antes de cortar la tela.

## CALCAR UN DIBUJO PARA BORDAR

Se puede hacer de tres maneras distintas:

1. Utilizando papel carbón especial para bordado. Calcar el dibujo sobre la tela, colóquelo sobre la tela y repasar si es necesario los trazos del motivo con la ayuda de un lápiz o rotulador de tinta soluble en agua.

2. Hacer una fotocopia del dibujo y situar sobre un cristal, poner la tela encima y reseguir los trazos aprovechando la transparencia.

3. Hacer una fotocopia del dibujo, recortar y situar sobre la tela. Marcar el perfil, retirar el papel y luego dibujar los demás detalles a mano alzada.

En los dos últimos casos, trabajar con un lápiz de grafito de mina fina o un rotulador especial para tejidos, de tinta soluble en agua.

### Bolso con flor
Páginas 32 a 35
1/2 bolsillo
1 x

doblez de la tela – recto hilo

Pegar al patrón de la página 89 por la línea discontínua.

### Funda para cubiertos
Páginas 58-59
Parte inferior de los patrones A y B

recto hilo

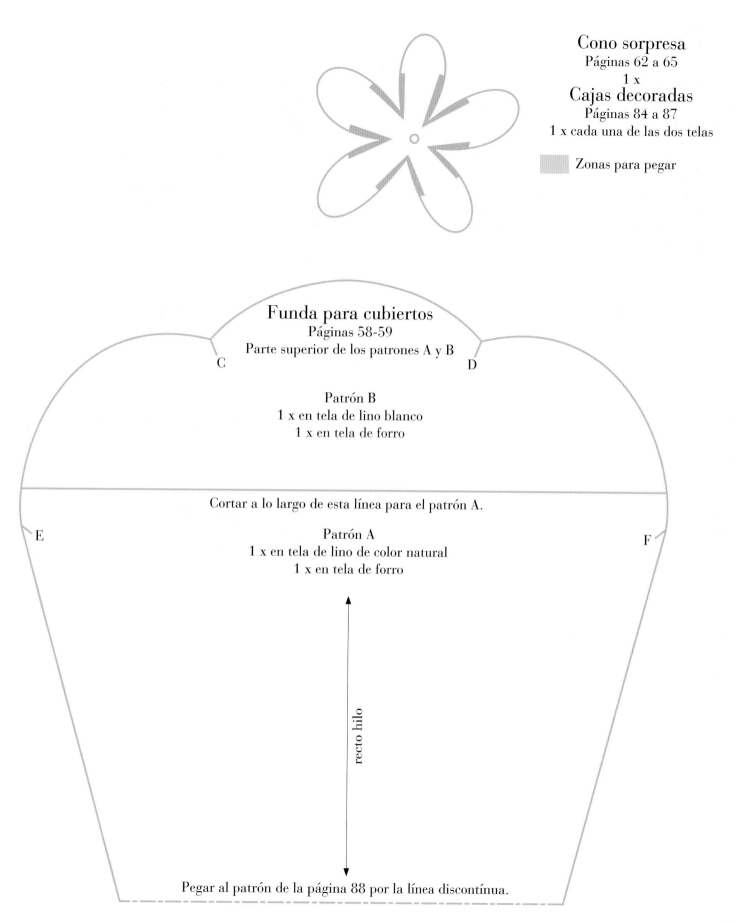

Cono sorpresa
Páginas 62 a 65
1 x
Cajas decoradas
Páginas 84 a 87
1 x cada una de las dos telas

Zonas para pegar

Funda para cubiertos
Páginas 58-59
Parte superior de los patrones A y B

C                                    D

Patrón B
1 x en tela de lino blanco
1 x en tela de forro

Cortar a lo largo de esta línea para el patrón A.

E                                                    F

Patrón A
1 x en tela de lino de color natural
1 x en tela de forro

recto hilo

Pegar al patrón de la página 88 por la línea discontínua.

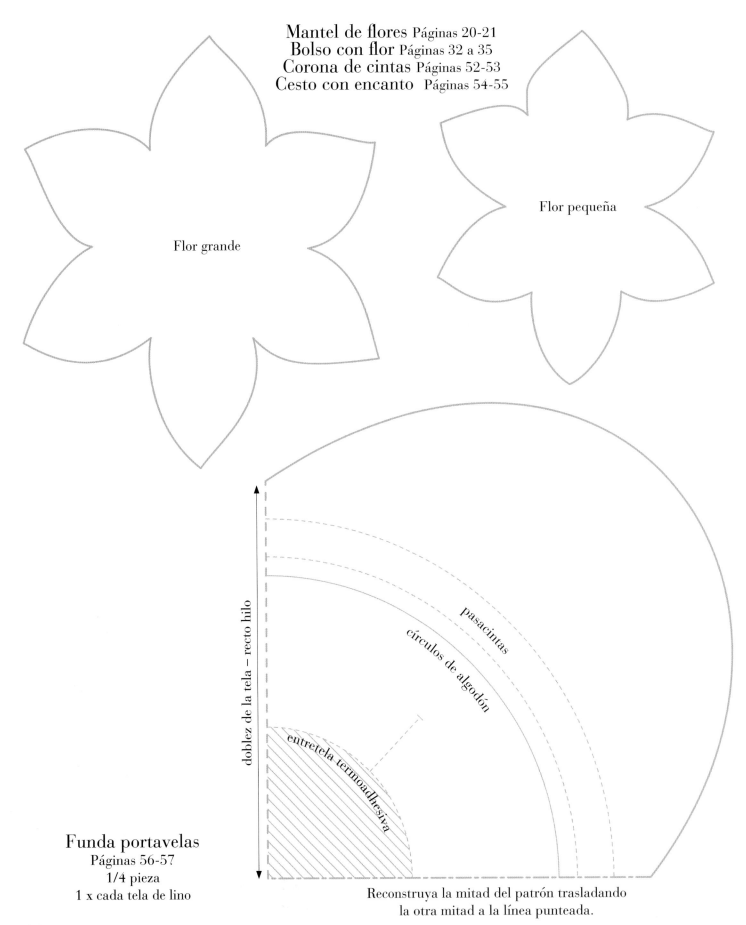

Mantel de flores Páginas 20-21
Bolso con flor Páginas 32 a 35
Corona de cintas Páginas 52-53
Cesto con encanto  Páginas 54-55

Flor pequeña

Flor grande

doblez de la tela – recto hilo

pasacintas

círculos de algodón

entretela termoadhesiva

**Funda portavelas**
Páginas 56-57
1/4 pieza
1 x cada tela de lino

Reconstruya la mitad del patrón trasladando
la otra mitad a la línea punteada.

Cesto con encanto
Páginas 54-55
1 x

Bolso bordado
Páginas 36 a 39

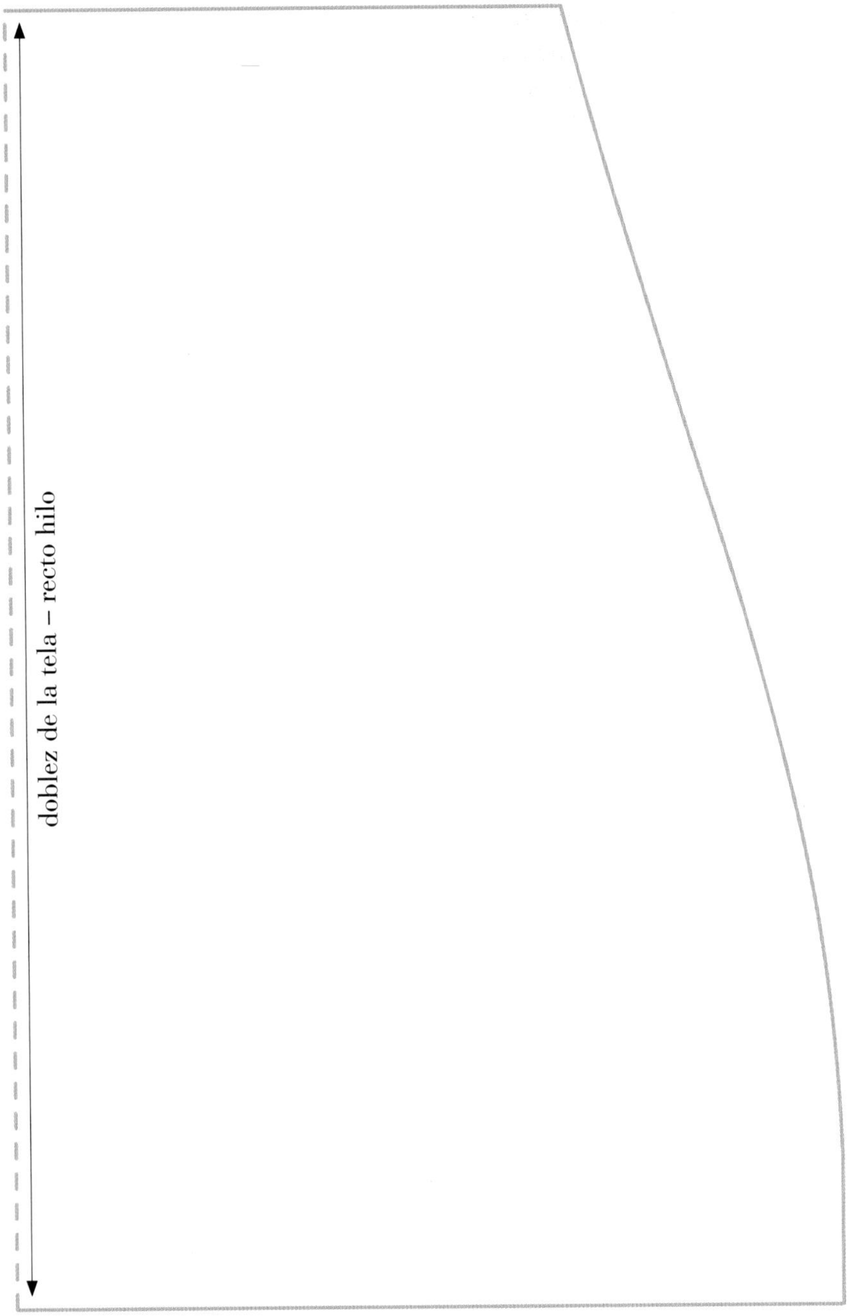

doblez de la tela – recto hilo

A B C
D E F G
H I J K
L M N
O P Q
R S T
U V W
X Y Z

**Bolso con cadena**
Páginas 68-69
1/2 pieza
2 x tela de lino
2 x forro
2 x boatina

**Saquitos de lavanda**
Páginas 72-75
**Cajas decoradas**
Páginas 84 a 87

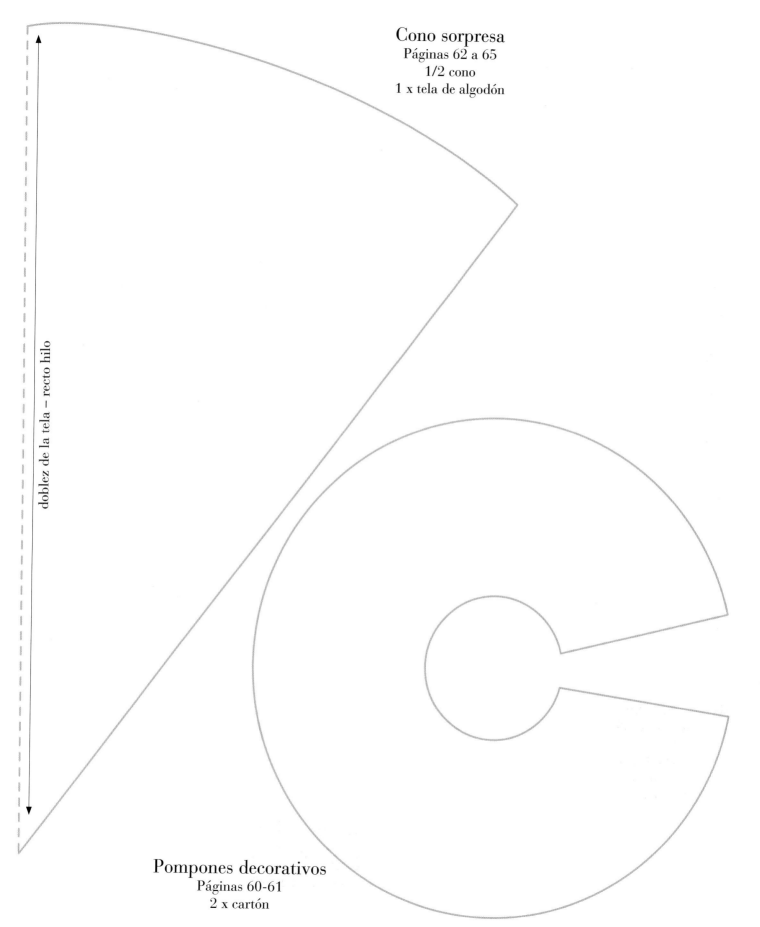

Cono sorpresa
Páginas 62 a 65
1/2 cono
1 x tela de algodón

doblez de la tela – recto hilo

Pompones decorativos
Páginas 60-61
2 x cartón

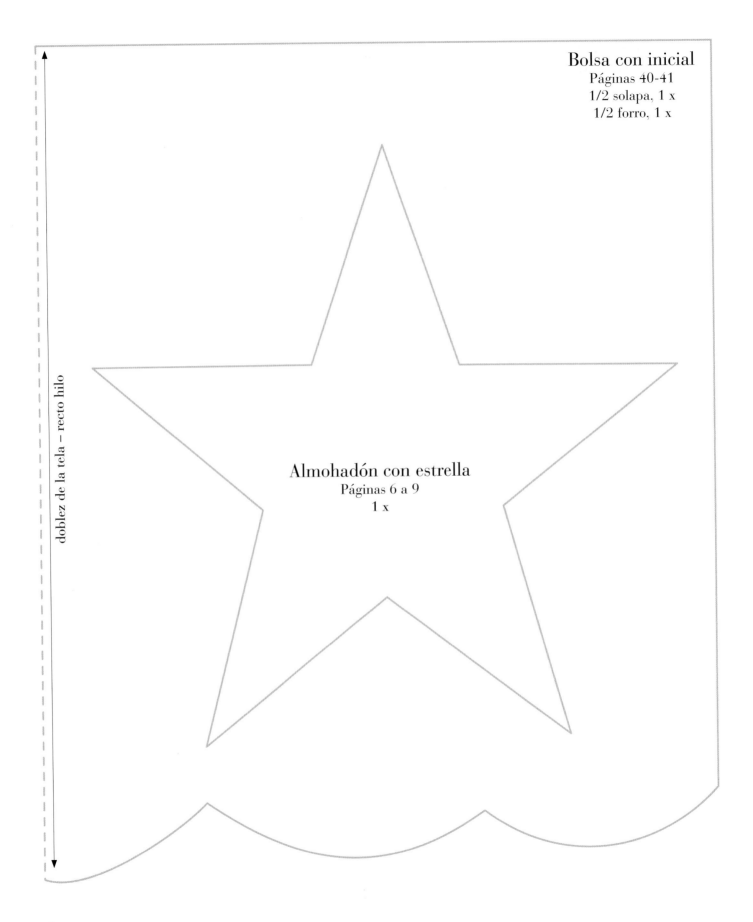

Bolsa con inicial
Páginas 40-41
1/2 solapa, 1 x
1/2 forro, 1 x

Almohadón con estrella
Páginas 6 a 9
1 x

doblez de la tela – recto hilo

# Monedero
Páginas 76-77

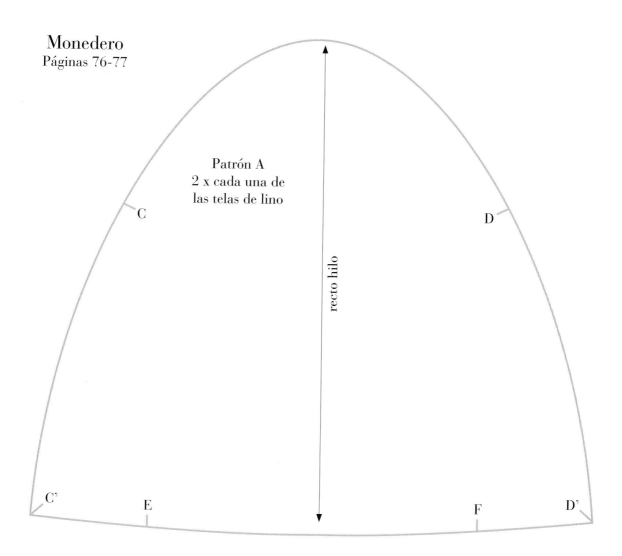

Patrón A
2 x cada una de
las telas de lino

recto hilo

C

D

C'

E

F

D'

Patrón B
1 x cada una de
las telas de lino

recto hilo

# ✳ Agradecimientos y direcciones

Quiero dar las gracias especialmente al editor, por haberme apoyado en este proyecto que tanto me entusiasmaba. Gracias a Julie, Chloé y Marie por su confianza durante la realización y por el trabajo que han llevado a cabo con tanto celo. Gracias a Fabrice y Sonia por sus magníficas fotografías, así como por la ambientación que han realizado de mis creaciones en esta bonita casa.

A mi marido y a mis hijos tengo que agradecer su apoyo y su inmensa paciencia, así como a todos mis familiares y amigos, que nos han animado y han aportado su valiosísima ayuda durante este trabajo: hacer un libro al tiempo que se trabaja, unido a la coincidencia de que estaba de mudanza. A pesar de todo, ¡ha valido la pena!

Gracias a todos los aficionados a las labores de lino, que visitan habitualmente mi blog y me dejan sus mensajes de ánimo. Esta es una relación que dura ya más de tres años y nunca me canso de este mundo, que cada día me resulta más apasionante.

**Visite mi blog si quieren conocer más sobre otras aventuras e ideas que podemos compartir: www.cabanedeviolette.canalblog.com**

CASA. *Accesorios de decoración.* www.casashops.com

CULTURA. *Cajas y perlas.* www.cultura.com

FLEUR DE LIN ET BOUTON D'OR. *En Bretaña, una encantadora mercería antigua.* www.fleurdelinetboutondor.com

LA CROIX ET LA MANIÈRE. *No hay que perdérsela si se quieren comprar tejidos de hilo y encajes, y también porque su ambiente resulta cálido y único.* 36, rue Faidherbe - 75011 París - www.lacroixetlamaniere.com

LE MARCHÉ SAINT-PIERRE. *Especializada en tejidos, pero también en mercería y labores.* Se encuentra en París, al pie del altozano de Montmartre, www.marchesaintpierre.com

L'HERBIER DE PROVENCE. *Decoración y aromas.* 43, rue Galliéni - 92600 Asnières-sur-Seine - www.lherbierdeprovence.com

MARIE ET GUSTAVE. *Vende en línea muchos de los materiales, soportes y accesorios de los que he utilizado en las labores que aparecen en este libro.* www.marieetgustave.com

MODES ET TRAVAUX. *Una mercería bien abastecida y de fácil acceso, que queda cerca de la estación de Saint Lazare.* 10, rue de la Pépinière - 75009 París.

Dirección editorial: Christophe Savouré
Edición: Julie Cot
Dirección artística: Chloé Eve
Maquetación: Marie Pieroni
Fotografías: Fabrice Besse
Ilustraciones: Chantal Sabatier
Revisión: Marie Pieroni
Preimpresión: Anne Floutier

© Mango Editions, París 2010
Título original: *Lin et Dentelles*
www.fleuruseditions.com
Esta edición ha sido publicada por acuerdo con Mango Editions
© de la traducción: Rosa Fragua
© de esta edición: RBA Libros, S.A., 2013
Avda. Diagonal, 189 - 08018 Barcelona.
rbalibros.com
*Primera edición: noviembre de 2013*
Ref.: RPRA156
ISBN: 978-84-9056-077-8
Depósito legal: B-21783-2013
Fotocomposición: Point 4
N° del editor: M10089
Impreso en España por Rotocayfo Sant Vicenç